CANTIQUES

POUR

LA RETRAITE PRÉPARATOIRE

A LA COMMUNION PASCALE

à l'usage

de la paroisse Saint-Étienne-du-Mont.

A PARIS,

DE L'IMPRIMERIE DE POUSSIELGUE-RUSAND,

IMPRIMEUR DE S. A. R. M. LE DUC DE BORDEAUX,

rue de Sèvres, n. 2.

1829.

TABLE DES CANTIQUES

CONTENUS

DANS CE RECUEIL.

CONVERSION DU PÉCHEUR.

BONHEUR DE SERVIR DIEU.

MÉPRIS DU MONDE.

CANTIQUES AVANT ET APRÈS LA COMMUNION.

POUR L'ÉLÉVATION.

CANTIQUES DU DÉPART.

CANTIQUES EN L'HONNEUR DE LA Ste VIERGE.

TRIOMPHE DE L'ÉGLISE.

CANTIQUES

POUR

LA RETRAITE PRÉPARATOIRE

A LA COMMUNION PASCALE.

~~~~~~

INVOCATIONS.

—

CANTIQUE DU MATIN.

AIR : Des simples jeux de son enfance.

Des feux de la brillante aurore
Le ciel commence à s'enflammer,
Un nouveau jour est près d'éclore ;
Chrétiens, sachons en profiter.
Laissons au sein de la mollesse
Dormir les esclaves des sens,
Faisons d'une sainte allégresse
Retenir au loin les accens. } *Bis.*

Dès que la main toute-puissante
Eut formé ce vaste univers
La nature reconnaissante
Entonna ces divins concerts.
~~~~~~

Imitons ce touchant hommage :
En sortant des bras du sommeil
Chantons le bienfait du réveil ;
Du néant il est une image.   } *Bis.*

De votre clémence infinie,
Seigneur, nous recevons ce jour ;
Vous nous avez rendu la vie,
Nous la vouons à votre amour ;
Dans nos cœurs versez votre grâce,
Qu'elle en règle les mouvemens,
Et qu'un saint repentir efface
Les fautes des jours précédens.   } *Bis.*

Que nos prières soient ferventes,
Et notre travail assidu,
Toutes nos démarches prudentes,
Tout notre amour pour la vertu !
Que nos mœurs soient irréprochables ;
Soyons modestes, vigilans,
Sobres, doux, humbles, charitables,
Résignés et persévérans.   } *Bis.*

OFFRANDE DE LA JOURNÉE A DIEU.

AIR : Il pleut, il pleut, bergère.

O Dieu dont je tiens l'être !
Toi qui règles mon sort,
Seul arbitre, seul maître
De mes jours, de ma mort !

Je t'offre les prémices
Du jour qui luit sur moi,
Et veux sous tes auspices
Ne les donner qu'à toi.

Daigne d'un œil propice
En voir tous les instans;
Que ta main en bannisse
Tous les dangers pressans:
Surtout, Dieu de clémence,
Qu'avec ton saint secours
Nul crime, nulle offense
N'ose en ternir le cours.

Que ta bonté facile,
Qui voit tous nos besoins,
Rende à tes yeux utile
Mon travail et mes soins;
Et que, suivant la trace
Que nous ouvrent les saints,
Nos jours soient par ta grâce
Des jours purs et sereins!

Je mets ma confiance,
Vierge, en votre secours:
Servez-moi de défense,
Prenez soin de mes jours;
Et quand ma dernière heure
Viendra fixer mon sort
Obtenez que je meure
De la plus sainte mort.

MÊME SUJET.

Esprit saint, descendez en nous,
Embrasez notre cœur de vos feux les plus doux.
   Sans vous notre vaine prudence
    Ne peut, hélas! que s'égarer.
    Ah! dissipez notre ignorance ;
     Esprit d'intelligence
     Venez nous éclairer.

   Esprit saint, etc.

Le noir enfer pour nous faire la guerre
Se réunit au monde séducteur;
Tout est pour nous embûche sur la terre :
Soyez, soyez notre libérateur.

    Esprit saint, etc.

Enseignez-nous la divine sagesse,
Seule elle peut nous conduire au bonheur:
Dans ses sentiers qu'heureuse est la jeunesse !
   Qu'heureuse est la vieillesse !

   Esprit saint, etc.

FINS DERNIÈRES.

SALUT.

—

IMPORTANCE DU SALUT.

Air du Confiteor.

Travaillez à votre salut;
Quand on le veut il est facile :
Chrétiens, n'ayez point d'autre but;
Sans lui tout devient inutile.
Sans le salut, (*bis*) pensez-y bien,
Tout ne vous servira de rien.　　　(*Bis.*)

O que l'on perd en le perdant !
On perd le céleste héritage:
Au lieu d'un bonheur si charmant
On a l'enfer pour son partage.　　　(*Bis.*)
Sans le salut, etc.

Que sert de gagner l'univers,
Dit Jésus, si l'on perd son âme,
Et s'il faut au fond des enfers
Brûler dans l'éternelle flamme ?　　　(*Bis.*)
Sans le salut, etc.

Rien n'est digne d'empressement
Si ce n'est la vie éternelle ;
Tout le reste est amusement,
Tout n'est que pure bagatelle. .   *(Bis.)* .

Sans le salut, etc.

C'est pour toute une éternité
Qu'on est heureux ou misérable :
Que devant cette vérité
Tout ce qui passe est méprisable !   *(Bis.)*

Sans le salut, etc.

Grand Dieu ! que tant que nous vivrons
Cette vérité nous pénètre !
Ah ! faites que nous nous sauvions
A quelque prix que ce puisse être.   *(Bis.)*

Sans le salut, etc.

MÊME SUJET.

AIR : Femme sensible , etc.

Fut-il jamais erreur plus déplorable !
Nous désirons les faux biens d'ici bas ;
Et le salut, le seul bien véritable ,
Hélas ! nos cœurs ne le désirent pas !   *(Bis.)*

Sommes-nous faits pour des biens si fragiles ,
Qu'on voit passer ainsi qu'une vapeur,
Et qui pour nous en maux sont si fertiles ?
Ah ! de tels biens sont-ils le vrai bonheur ? *(Bis.)*

Un Dieu pour nous souffre une mort honteuse :
Qu'une âme est donc d'une grande valeur !
Et pour un rien cette âme précieuse
Nous l'exposons à l'éternel malheur !   (Bis.)

Perdre son ame, ô perte inestimable !
Quel bien pourrait nous en dédommager ?
De tous les maux c'est le plus redoutable ;
Tout autre mal n'est qu'un mal passager.   (Bis.)

Oui, désormais les maux les plus sensibles,
La pauvreté, les douleurs, les mépris,
Ne doivent plus nous paraître terribles ;
Sauvons notre âme, et nos maux sont finis. (Bis.)

En vain, placés au sein de l'aboudance,
Nous possédons le bonheur le plus doux ;
Gloire, plaisirs, honneurs, biens, opulence,
Sans le salut tout est perdu pour nous !   (Bis.)

Pensons-y donc, insensés que nous sommes !
Ne courons plus après la vanité ;
Dieu tout-puissant, ah ! fais donc que les hommes
Soient occupés de leur éternité !   (Bis.)

MÊME SUJET.

AIR : Femme sensible.

Vous qui courez sans crainte au précipice,
Loin du sentier des préceptes divins,
Pour vous tirer de l'abyme du vice
Pensez souvent à vos dernières fins.   (Bis.)

Il faut mourir ; nul ne peut s'en défendre ;
La mort soumet les peuples et les rois ;
Souvenez-vous qu'elle peut vous surpendre,
Et qu'après tout l'on ne meurt qu'une fois. (*Bis.*)

Du jugement la mort sera suivie :
Terrible et prompt, mais juste jugement !
Melheur, hélas ! à celui dont la vie
Se trouvera coupable en co moment ! (*Bis.*)

L'arrêt porté, la céleste vengeance
Sous le pécheur ouvrira les enfers ;
C'est là que Dieu sans aucune indulgence
Le punira par cent tourmens divers. (*Bis.*)

Jetez les yeux sur le trône de gloire
Que le Seigneur prépare à ses élus :
Occupez-en souvent votre mémoire ;
Pensez-y bien, vous ne pécherez plus. (*Bis.*)

Mort, jugement, enfer, trône de gloire,
Tristes ensemble et douces vérités !
Peut-on trouver de malice si noire
Qui n'ouvre enfin les yeux à vos clartés ! (*Bis.*)

MORT.

—

Air ancien.

A la mort, à la mort,
Pécheur, tout finira ;
Le Seigneur à la mort
Te jugera.

Il faut mourir, il faut mourir ;
De ce monde il nous faut sortir ;
Le triste arrêt en est porté,
Il faut qu'il soit exécuté.
A la mort, etc.

Comme une fleur qui se flétrit
Ainsi bientôt l'homme périt ;
L'affreuse mort vient de ses jours
Dans peu de temps finir le cours.
A la mort, etc.

Pécheurs, approchez du cercueil ;
Venez confondre votre orgueil ;
Là tout ce qu'on estime tant
Est enfin réduit au néant.
A la mort, etc.

Filles pleines de vanité,
Que deviendra votre beauté?
Vos traits, sans forme et sans couleur,
Vous rendront un objet d'horreur.

A la mort, etc.

O vous qui suivez vos désirs,
Qui vous plongez dans les plaisirs,
Pour vous quel affreux changement
La mort va faire en ce moment!

A la mort, etc.

Plus de plaisirs, plus de douceurs,
Plus de pouvoirs, plus de grandeurs:
Ces biens dont vous êtes jaloux
Vont tout à coup périr pour vous.

A la mort, etc.

Adieu, famille; adieu, parens;
Adieu, chers amis, chers enfans:
Votre cœur se désolera;
Mais enfin tout vous quittera.

A la mort, etc.

Ce moment doit bientôt venir,
Mais on en fuit le souvenir,
Et l'homme sans réflexion
Vit ainsi dans l'illusion.

A la mort, etc.

S'il fallait subir votre arrêt,
Chrétiens, qui de vous serait prêt?

Combien dont le funeste sort
Serait une éternelle mort !

A la mort, etc.

SUR LES VANITÉS DU MONDE.

Air du Drapeau.

Tout n'est que vanité,
Mensonge, fragilité,
Dans tous ces objets divers
Qu'offre à nos regards l'univers.
Tous ces brillans dehors,
Cette pompe,
Ces biens, ces trésors,
Tout nous trompe,
Tout nous éblouit,
Mais tout nous échappe et nous fuit.

Telles qu'on voit les fleurs
Avec leurs vives couleurs
Eclore, s'épanouir,
Se faner, tomber et périr ;
Tel des vains attraits
Le partage,
Tel l'éclat, les traits
Du bel âge
Après quelques jours
Perdent leur beauté pour toujours.

En vain pour être heureux
Le jeune voluptueux
Se plonge dans les douceurs
Qu'offrent les mondains séducteurs;
Plus il suit les plaisirs
Qui l'enchantent,
Et moins ses désirs
Se contentent;
Le bonheur le fuit
A mesure qu'il le poursuit.

Que doivent devenir
Pour l'homme qui doit mourir
Ces biens long-temps amassés,
Cet argent, cet or entassés?
Fût-il du genre humain
Seul le maître,
Pour lui tout enfin
Cesse d'être;
Au jour de son deuil
Il n'a plus qu'un cercueil.

Que sont tous ces honneurs,
Ces titres, ces noms flatteurs?
Où vont de l'ambitieux
Les projets, les soins et les vœux?
Vaine ombre, pur néant,
Vil atome,
Mensonge amusant,
Vrai fantôme

Qui s'évanouit
Après qu'il l'a toujours séduit.

Tel qui voit aujourd'hui
Ramper au-dessous de lui
Un peuple d'adorateurs
Qui brigue à l'envi ses faveurs;
Tel devenu demain
La victime
D'un revers soudain
Qui l'opprime,
Nouveau malheureux,
Est esclave et rampe comme eux.

J'ai vu l'impie heureux
Porter son air fastueux
Et son front audacieux
Au-dessus du cèdre orgueilleux;
Au loin tout révérait
Sa puissance,
Et tout adorait
Sa présence :
Je passe, et soudain
Il n'est plus, je le cherche en vain.

Que sont donc devenus
Ces grands, ces guerriers connus,
Ces hommes dont les exploits
Ont soumis la terre à leurs lois?
Les traits éblouissans
De leur gloire,

Leurs noms florissans,
Leur mémoire,
Avec le héros
Sont entrés au sein des tombeaux.

Au savant orgueilleux
Que sert un génie heureux,
Un nom devenu fameux
Par mille travaux glorieux?
Non, les plus beaux talens,
L'éloquence,
Les succès brillans,
La science,
Ne servent de rien
A qui ne sait vivre en chrétien.

Arbitre des humains,
Dieu seul tient entre ses mains
Les événemens divers
Et le sort de tout l'univers.
Seul il n'a qu'à parler,
Et la foudre
Va frapper, briser,
Mettre en poudre
Les plus grands héros
Comme les plus vils vermisseaux.

La mort dans son courroux
Dispense à son gré ses coups,
N'épargne ni le haut rang,

Ni l'éclat auguste du sang.
Tout doit un jour mourir,
Tout succombe,
Tout doit s'engloutir
Dans la tombe :
Les sujets, les rois
Iront s'y confondre à la fois.

Oui, la mort à son choix
Soumet tout à ses lois,
Et l'homme ne fut jamais
A l'abri d'un seul de ses traits :
Comme sur son retour
La vieillesse,
Dans son plus beau jour
La jeunesse,
L'enfance au berceau,
Trouvent tour à tour leur tombeau.

O combien malheureux
Est l'homme présomptueux
Qui dans ce monde trompeur
Croit pouvoir trouver son bonheur !
Dieu seul est immortel,
Immuable,
Seul grand, éternel,
Seul aimable ;
Avec son secours
Soyons à lui seul pour toujours.

JUGEMENS.

—

SUR LE JUGEMENT DERNIER.

AIR : Partez, puisque Mars...

Dieu va déployer sa puissance :
Le temps comme un songe s'enfuit.
Les siècles sont passés ; l'éternité commence ;
Le monde va rentrer dans l'horreur de la nuit.
  Dieu, etc.

J'entends la trompette effrayante;
  Quel bruit ! quels lugubres éclairs !
Le Seigneur a lancé la foudre étincelante,
Et ses feux dévorans embrasent l'univers.
  J'entends, etc.

Les monts foudroyés se renversent,
  Les êtres sont tous confondus;
La mer ouvre son sein, les ondes se dispersent;
Tout est dans le chaos, et la terre n'est plus.
  Les monts, etc.

Sortez des tombeaux, ô poussière !
Dépouille des pâles humains :

Le Seigneur vous appelle, il vous rend la lumière ;
Il va sonder les cœurs, et fixer vos destins.

    Sortez, etc.

    Il vient ; tout est dans le silence ;
      Sa croix porte au loin la terreur :
Le pécheur consterné frémit à sa présence,
Et le juste lui-même est saisi de frayeur.

    Il vient, etc.

    Assis sur un trône de gloire,
      Il dit : Venez, ô mes élus !
Comme moi vous avez remporté la victoire,
Recevez de mes mains le prix de vos vertus.

    Assis, etc.

    Tombez dans le sein des abymes,
      Tombez, pécheurs audacieux ;
De mon juste courroux immortelles victimes,
Vils suppôts des démons, vous brûlerez comme eux.

    Tombez, etc.

    Vous n'êtes plus, vaines chimères,
      Objets d'un sacrilége amour :
Fléau du genre humain, oppresseurs de vos frères,
Héros tant célébrés, qu'êtes-vous dans ce jour ?

    Vous n'êtes, etc.

    Triste éternité des supplices,
      Tu vas donc commencer ton cours ?

De l'heureuse Sion ineffables délices,
Bonheur, gloire des saints, vous durerez toujours.

Triste éternité, etc.

Grand Dieu, qui sera la victime
De ton implacable fureur ?
Quel noir pressentiment me tourmente et m'opprime !
La crainte et les remords me déchirent le cœur.

Grand Dieu, etc.

De tes jugemens, Dieu sévère,
Pourrai-je subir les rigueurs ?
J'ai péché, mais ton sang désarme ta colère ;
J'ai péché, mais mon crime est éteint par mes pleurs.

De tes jugemens, etc.

ENFER.

—

Ah ! quel spectacle à mes yeux se découvre !
De nos erreurs déchirons le bandeau ;
Que voyons-nous ? j'en frémis, l'enfer s'ouvre :
La foi, chrétiens, nous prête son flambeau.

Le Tout-Puissant, armé de son tonnerre,
Dans son courroux creusa ces sombres lieux ;
C'est là qu'il fait une éternelle guerre
Aux sectateurs de l'ange audacieux.

Là le mortel entraîné par le crime
Déplore en vain ses longs égaremens ;
Sa triste voix dans le fond de l'abyme
N'attendrit plus le ciel sur ses tourmens.

Des bienheureux en se traçant l'image
Son cœur jaloux reçoit un noir poison ;
Le ciel perdu redouble encor sa rage,
Il en gémit dans sa triste prison.

Le sein heureux où repose Lazare
Fait naître, hélas ! ses désirs renaissans ;
Il prend l'essor. C'est en vain, tout l'égare ;
L'amour, la haine augmentent ses tourmens.

D'un ver rongeur déplorable victime,
Il voit trop tard ses profanes amours ;
Ces fiers tyrans, les auteurs de son crime,
Ne sont pour lui que de cruels vautours.

Il se prêtait aux perfides délices
En espérant de la vertu le prix ;
Mais aujourd'hui, tenu dans les supplices,
L'homme damné connaît qu'il s'est mépris.

D'un feu vengeur, soufflé par la colère,
Le réprouvé sent toute la rigueur.
Toujours souffrir ce sort le désespère ;
Jamais mourir c'est un nouveau malheur.

L'infortuné serait bien moins à plaindre
Si ses tourmens pouvaient finir un jour ;
Mais il sait trop que rien ne peut éteindre
Le feu vengeur de l'infernal séjour.

O mort cruelle ! ô mort impitoyable !
En le frappant tu l'éloignas du port ;
Le temps qui fuit n'est plus pour le coupable :
L'éternité fixe son triste sort.

CIEL.

AIR : Rien, tendre amour, etc.

Sainte cité, demeure permanente,
Sacré palais qu'habite le grand roi,
Où doit sans fin régner l'âme innocente,
Quoi de plus doux que de penser à toi ! (*Bis.*)

Dans tes parvis tout n'est plus qu'allégresse ;
C'est un torrent des plus chastes plaisirs :
On ne ressent ni peine ni tristesse ;
On ne connaît ni plainte ni soupirs. (*Bis.*)

Tes habitans ne craignent plus d'orage,
Ils sont au port, ils y sont pour jamais ;

Un calme entier devient leur doux partage ;
Dieu dans leur cœur verse un fleuve de paix. (*Bis.*)

De quel éclat ce Dieu les environne !
Ah ! je les vois tout brillans de clarté ;
Rien ne saurait y flétrir leur couronne,
Leur vêtement est l'immortalité.   (*Bis.*)

Pour les élus il n'est plus d'inconstance,
Tout est soumis au joug du saint amour ;
L'affreux péché n'a plus là de puissance,
Tout bénit Dieu dans cet heureux séjour.   (*Bis.*)

Beauté divine, ô beauté ravissante !
Tu fais l'objet du suprême bonheur :
Oh ! quand naîtra cette aurore brillante
Où nous pourrons contempler ta splendeur ? (*Bis.*)

Puisque Dieu seul est notre récompense,
Qu'il soit aussi la fin de nos travaux ;
Dans cette vie un moment de souffrance
Mérite au ciel un éternel repos.   (*Bis.*)

MÊME SUJET.

AIR : *Je l'ai planté, je l'ai vu naître.*

Quels accords ! quels concerts augustes !
Quelle pompe éblouit mes yeux !
Fais silence à l'aspect des justes,
O terre ! entends le chant des cieux.   (*Bis.*)

O divine, ò tendre harmonie !
Les saints, dans ce transport d'amour,
Chantent la grandeur infinie
Du Dieu dont ils forment la cour.   (*Bis.*)

Quel spectacle ! un Dieu sans nuage
Se montre aux yeux des bienheureux ;
Ils contemplent de son visage
Les traits sereins et lumineux.   (*Bis.*)

Le Seigneur transporte leur âme
Par les plus saints ravissemens ;
Sa sainte ardeur qui les enflamme
Les nourrit de feux renaissans.   (*Bis.*)

Je vois à l'ombre de ses ailes
Ces saints dont l'éloquente voix
Confondit les esprits rebelles,
Et donna des leçons aux rois.   (*Bis.*)

De la nouvelle Babylone
Les martyrs, ces brillans vainqueurs,
Sont assis auprès de son trône,
Le front ceint d'immortelles fleurs.   (*Bis.*)

Les vierges, ces tendres victimes
Du chaste amour pour leur époux,
Demandent grâce pour nos crimes,
Et nous dérobent à ses coups.   (*Bis.*)

Que nos voix ici bas s'unissent
A leurs concerts mélodieux !

Servons le maître qu'ils bénissent,
En suivant leurs pas glorieux.   (*Bis.*)

Seigneur, arrête la furie
De l'enfer armé contre nous !
Si tu perdis pour tous la vie
Tu fis aussi le ciel pour tous.   (*Bis.*)

Daigne nous rendre l'héritage
Que tu promis à notre foi :
Ah ! c'est languir dans l'esclavage
Que de vivre éloigné de toi.   (*Bis.*)

CONVERSION DU PÉCHEUR.

—

LE PÉCHEUR DÉTROMPÉ DES ERREURS DU MONDE.

Un fantôme brillant séduisit ma jeunesse,
Sous le nom du plaisir il égara mes pas ;
Insensé que j'étais ! je n'apercevais pas
L'abyme que des fleurs cachaient à ma faiblesse.
Mais enfin revenu de mes égaremens,
Remettant mon salut à ta bonté chérie,
O mon Dieu ! mon soutien ! après mille tourmens.
Quand je reviens à toi je reviens à la vie.

Le flambeau si vanté de la philosophie;
Ces lumières du jour dont j'admirais les feux,
M'ont conduit sur le bord du précipice affreux
Où me poussait sans cesse une force ennemie.

Mais enfin, etc.

Plaisirs où j'avais cru ne trouver que des charmes,
Ivresse de mes sens, trompeuse volupté,
Hélas! en vous cherchant, que vous m'avez coûté
De craintes, de douleurs, de regrets et de larmes!

Mais enfin, etc.

L'amitié, cet appui qui reposait mon âme,
Cet asile si doux où j'avais sommeillé,
Comme un songe menteur, quand je fus éveillé,
M'offrit la trahison au reflet de sa flamme.

Mais enfin, etc.

Vous qui de vos vertus souteniez mon enfance,
O mon père! ô ma mère! à combien de douleurs
Ma jeunesse rebelle a dû livrer vos cœurs,
Et troubler vos tombeaux dans leur pieux silence!

Mais enfin, etc.

Pardonnez, pardonnez à votre enfant coupable;
Hélas! cent fois puni d'oublier vos leçons,
Même au sein des plaisirs, par des remords profonds
Il expiait déjà son crime impardonnable.

Mais enfin, etc.

Oui, mon Dieu, c'en est fait, touché de ta clémence,
Je quitte pour jamais le monde et ses appas.
Nouvel enfant prodigue, appelé dans tes bras,
Je retrouve à la fois mon père et l'innocence.

Car enfin, etc.

Sainte paix, calme heureux où mon âme repose,
Plaisirs délicieux dont s'enivre mon cœur,
Oh! ne me quittez plus, donnez-moi le bonheur
Qu'en vain depuis long-temps le monde me propose.
Car enfin, etc.

REGRETS D'AVOIR TARDÉ SI LONG-TEMPS D'AIMER LE SEIGNEUR.

Air nouveau.

Grâce, grâce, suspends l'arrêt de tes vengeances,
Et détourne un moment tes regards irrités;
J'ai péché, mais je pleure; oppose à mes offenses,
Oppose à leur grandeur celle de tes bontés.

Je sais tous mes forfaits, j'en connais l'étendue;
En tous lieux, à toute heure, ils parlent contre moi;
Par tant d'accusateurs mon âme confondue
Ne prétend pas contre eux disputer devant toi.

Tu m'avais par la main conduit dès ma naissance :
Sur ma faiblesse en vain je voudrais m'excuser;
Tu m'avais fait, Seigneur, goûter ta connaissance;
Mais, hélas! de tes dons je n'ai fait qu'abuser!

De tant d'iniquités la foule m'environne :
Fils ingrat, cœur perfide, en proie à mes remords,
La terreur me saisit ; je frémis, je frissonne ;
Pâle et les yeux éteints, je descends chez les morts.

Ma voix sort du tombeau ; c'est du fond de l'abyme
Que j'élève vers toi mes douloureux accens ;
Fais monter jusqu'au pied de ton trône sublime
Cette mourante voix et ses cris languissans !

O mon Dieu ! quoi ! ce nom, je le prononce encore !
Non, non, je t'ai perdu ! j'ai cessé de t'aimer ;
O juge qu'en tremblant je supplie et j'adore !
Grand Dieu ! d'un nom plus doux je n'ose te nommer.

Dans les gémissemens, l'amertume et les larmes
Je repasse des jours perdus dans les plaisirs ;
Et voilà tout le fruit de ces jours pleins de charmes,
Un souvenir affreux, la honte et les soupirs.

Ces soupirs devant toi sont ma seule défense ;
Par eux un criminel espère t'attendrir.
N'as-tu pas un trésor de grâce et de clémence ?
Dieu de miséricorde, il est temps de l'ouvrir.

Où fuir, où me cacher, tremblante créature,
Si tu viens en courroux pour compter avec moi ?
Que dis-je ! Etre infini, ta grandeur me rassure,
Trop heureux de n'avoir à compter qu'avec toi.

Près d'une majesté si terrible et si sainte
Que suis-je ? un vil roseau ; voudrais-tu le briser ?

Hélas ! si du flambeau la lumière s'est éteinte
La mèche fume encor ; voudrais-tu l'écraser ?

Que l'homme soit pour l'homme un juge inexorable :
Où l'esclave aurait-il appris à pardonner ?
C'est la gloire du maître : absoudre le coupable
N'appartient qu'à celui qui peut le condamner.

Tu le peux : mais souvent tu veux qu'il te désarme ;
Il te fait violence ; il devient ton vainqueur :
Le combat n'est pas long ; il ne faut qu'une larme :
Que de crimes efface une larme du cœur !

Jamais de toi, grand Dieu, tu nous l'a dit toi-même,
Un cœur humble et contrit ne sera méprisé.
Voilà le mien, regarde et reconnais qu'il t'aime ;
Il est digne de toi, la douleur l'a brisé.

Si tu le ranimais de sa première flamme
Qu'il reprendrait bientôt sa joie et sa vigueur !
Mais non, fais plus pour moi, renouvelle mon âme,
Et daigne dans mon sein créer un nouveau cœur.

De mes forfaits alors je te ferai justice,
Et ma reconnaissance armera ma rigueur ;
Tu peux me confier le soin de mon supplice ;
Je serai contre moi mon juge et ton vengeur.

Le châtiment au crime est toujours nécessaire :
Ma grâce est à ce prix, il faut la mériter.
Je te dois, je le sais ; je te veux satisfaire ;
Donne-moi seulement le temps de m'acquitter.

Ah ! plus heureux celui que tu frappes en père !
Il connaît ton amour par ta sévérité ;
Ici bas, quels que soient les coups de ta colère,
L'enfant que tu punis n'est pas déshérité.

Coupe, brûle ce corps, prends pitié de mon âme ;
Frappe, fais-moi payer tout ce que je te dois !
Arme-toi dans le temps du fer et de la flamme ;
Mais dans l'éternité, Seigneur, épargne-moi.

Quand j'aurais à tes lois obéi dès l'enfance,
Criminel en naissant je ne dois que pleurer ;
Pour retourner à toi la route est la souffrance ;
Loi triste, route affreuse !... entrons sans murmurer.

De la main de ton Fils je reçois le calice ;...
Mais je frémis ; je sens ma main prête à trembler :
De ce trouble honteux mon cœur est-il complice ?
Je suis le criminel, voudrais-je reculer ?

C'est ton Fils qui le tient ; que ma foi se rallume !
Il en a bu lui-même, oserais-je en douter ?
Que dis-je ? il en a bu la plus grande amertume ;
Il m'en laisse le reste, et je n'ose en goûter !

Je me jette à tes pieds, ô croix ! chaire sublime
D'où l'homme de douleurs instruit tout l'univers ;
Saint autel où l'amour embrase la victime.
Arbre où mon Rédempteur a suspendu mes fers.

Drapeau du souverain qui marche à notre tête,
Tribunal de mon juge et trône de mon roi,

Char du triomphateur dont je suis la conquête,
Lit où j'ai pris naissance, il faut mourir sur toi.

MÊME SUJET.

A tes pieds, Dieu que j'adore,
Ramené par mes malheurs,
Tu vois mon cœur qui déplore
Ses écarts et ses erreurs.
　　　Seigneur ! Seigneur !
Ah ! recois, reçois encore
Mes soupirs et ma douleur.
　　　Seigneur, etc.

Bis.

Si mon crime qui te blesse
Sollicite ton courroux
La miséricorde te presse
De me sauver de tes coups.
　　　Seigneur ! Seigneur !
J'attends tout de ta tendresse ;
Désarme ton bras vengeur.
　　　Seigneur, etc.

Bis.

Israel jadis coupable
Pleure ses égaremens ;
Bientôt ta main secourable
En suspend les châtimens.
　　　Seigneur ! Seigneur !
Jette un regard favorable
Sur ce malheureux pécheur.
　　　Seigneur, etc.

Bis.

Je ne puis rien sans ta grâce ;
Daigne donc me secourir ;
Seul j'ai causé ma disgrâce ,
Seul je ne puis revenir.
　　Seigneur ! Seigneur !
L'espoir enfin a fait place
A ma trop juste frayeur.
　　Seigneur, etc.

} Bis.

Mes soupirs sont ton ouvrage ;
Puisse mon cœur malheureux
Te venger de mon outrage
Et de mes coupables feux !
　　Seigneur ! Seigneur !
Que mon cœur long-temps volage
N'aime plus que sa douleur !
　　Seigneur ! Seigneur !
Que mon cœur long-temps volage
N'aime plus que sa douleur !

DIEU ET LE PÉCHEUR.

AIR : *Femme sensible* , etc.

DIEU.

Reviens, pécheur, à ton Dieu qui t'appelle,
Viens au plus tôt te ranger sous sa loi :
Tu n'as été déjà que trop rebelle ;
Reviens à lui puisqu'il revient à toi. 　(*Bis.*)

LE PÉCHEUR.

Voici, Seigneur, cette brebis errante
Que vous daignez chercher depuis long-temps :
Touché, confus d'une si longue attente,
Sans plus tarder je reviens, je me rends. (*Bis.*)

DIEU.

Pour t'attirer, ma voix se fait entendre;
Sans me lasser partout je te poursuis :
D'un Dieu pour toi, du père le plus tendre
J'ai les bontés, ingrat, et tu me fuis !   (*Bis.*)

LE PÉCHEUR.

Errant, perdu, je cherchais un asile;
Je m'efforçais de vivre sans effroi :
Hélas! Seigneur, pouvais-je être tranquille
Si loin de vous, et vous si loin de moi?   (*Bis.*)

DIEU.

Attraits, frayeur, remords, secret langage,
Qu'ai-je oublié dans mon amour constant?
Ai-je pour toi dû faire davantage?
Ai-je pour toi dû même en faire autant? (*Bis.*)

LE PECHEUR.

Je me repens de ma faute passée :
Contre le ciel, contre vous j'ai péché;
Mais oubliez ma conduite insensée,
Et ne voyez en moi qu'un cœur touché.   (*Bis.*)

DIEU.

Si je suis bon faut-il que tu m'offenses?
Ton méchant cœur s'en prévaut chaque jour

Plus de rigueur vaincrait tes résistauces ;
Tu m'aimerais si j'avais moins d'amour. (*Bis.*)

LE PÉCHEUR.

Que je redoute un juge, un Dieu sévère !
J'ai prodigué des biens qui sont sans prix ;
Comment oser vous appeler mon père ?
Comment oser me dire votre fils?   (*Bis.*)

DIEU.

Marche au grand jour que t'offre ma lumière ;
A sa faveur tu peux faire le bien :
La nuit bientôt finira ta carrière ;
Funeste nuit, où l'on ne peut plus rien ! (*Bis.*)

LE PÉCHEUR.

Dieu de bonté, principe de tout être,
Unique objet digne de nous charmer,
Que j'ai long-temps vécu sans vous connaître !
Que j'ai long-temps vécu sans vous aimer ! (*Bis.*)

DIEU.

Ta courte vie est un songe qui passe,
Et de ta mort le jour est incertain ;
Si j'ai promis de te donner ta grâce
T'ai-je jamais promis le lendemain?   (*Bis.*)

LE PÉCHEUR.

Votre bonté surpasse ma malice ;
Pardonnez-moi ce long égarement :
Je le déteste, il fait tout mon supplice,
Et pour vous seul j'en pleure amèrement. (*Bis.*)

DIEU.

Le ciel doit-il te combler de délices
Dans le moment qui suivra ton trépas,
Ou bien l'enfer t'accabler de supplices ?
C'est l'un des deux, et tu n'y penses pas ! *(Bis.)*

LE PÉCHEUR.

Je ne vois rien que mon cœur ne défie :
Malheurs, tourmens ou plaisirs les plus doux ;
Non, fallût-il cent fois perdre la vie,
Rien ne pourra me séparer de vous.   *(Bis.)*

PRIÈRE DU PÉCHEUR PÉNITENT.

AIR : Triste raison, etc.

De ce profond, de cet affreux abyme
Où je me suis aveuglément jeté,
Le cœur brisé du regret de mon crime,
J'ose implorer, Seigneur, votre bonté.

Prêtez l'oreille à l'ardente prière,
Voyez les pleurs d'un enfant malheureux ;
Quoique pécheur, il voit en vous un père :
Pouvez-vous être insensible à ses vœux ?

Si vous voulez, sans user de clémence,
Compter, peser tous nos déréglemens,
Ah ! qui pourra, malgré son innocence,
Se rassurer contre vos jugemens ?

Mais vous aimez à vous rendre propice,
Et votre bras, toujours lent à punir,
Se plaît à voir désarmer sa justice :
Heureux celui qui peut la prévenir !

Cette bonté dans mes maux me console;
Et quoi qu'il plaise au Seigneur d'ordonner
Je souffre en paix sur sa sainte parole :
Quand il nous frappe il veut nous pardonner.

Ah! qu'Israël en Dieu toujours espère !
Qu'il en réclame avec foi le secours !
Ce Dieu puissant, son défenseur, son père,
Dans ses dangers le protégea toujours.

Entre les bras de sa miséricorde
Avec tendresse il reçoit les pécheurs;
Et son amour au pardon qu'il accorde
Ajoute encor les plus grandes faveurs.

Peuple, autrefois l'objet de sa vengeance,
Ne gémis plus sur ta captivité :
Bientôt il va briser dans sa clémence
Tous les liens de ton iniquité.

LE PÉCHEUR SINCÈREMENT CONVERTI.

AIR : O ma tendre musette !

Seigneur, Dieu de clémence,
Reçois ce grand pécheur
A qui la pénitence
Touche aujourd'hui le cœur :
Vois d'un œil secourable
L'excès de son malheur,
Et d'un cœur favorable
Accepte sa douleur.

Je suis un infidèle
Qui méconnus tes lois,

Un perfide, un rebelle
Qui péchai mille fois :
Jamais dans l'innocence
Je n'ai coulé mes jours ;
Toujours plus d'une offense
En a terni le cours.

Chargé de mille crimes,
Souvent j'ai mérité
D'entrer dans les abymes
Pour une éternité :
J'ai peu craint la colère
De ton bras irrité ;
Mais cependant j'espère,
Seigneur, en ta bonté.

Lorsqu'à ton indulgence
Un coupable a recours
Des traits de ta vengeance
Ton cœur suspend le cours.
Rempli de confiance,
J'ose venir à toi :
Au nom de ta clémence,
Grand Dieu, pardonne-moi.

Hélas ! quand je rappelle
Combien je fus pécheur
Une douleur mortelle
S'empare de mon cœur.
Par quel malheur extrême
Ai-je offensé souvent

Un Dieu la bonté même,
Un Dieu si bienfaisant !

Fuis loin, péché funeste,
Dont je fus trop charmé ;
Péché, je te déteste
Autant que je t'aimai.
O Dieu bon ! ô bon père !
Tu vois mon repentir :
Avant de te déplaire,
Plutôt, plutôt mourir !

C'est fait, je le déteste ;
Plus de péché pour moi :
Le ciel, que j'en atteste,
Garantira ma foi.
Le Dieu qui me pardonne
Aura tout mon amour,
A lui seul je le donne
Sans borne et sans retour.

LE PÉCHEUR IMPLORE LA MISÉRICORDE DIVINE.

AIR : O Fontenai ! etc.

Puniras-tu, Seigneur, dans ta justice
D'un fils ingrat les longs égaremens ?
Mon cœur, hélas ! commence mon supplice ;
Il est en proie aux remords déchirans.   (*Bis.*)

Quand je reviens sur ma coupable vie
Tout m'y paraît à punir, à pleurer :
J'ai donc perdu mon père et ma patrie !
Cruel malheur ! rien ne peut t'égaler.   (*Bis.*)

Comblé des dons de ce Dieu plein de charmes,
Tout envers lui provoquait mon amour;
Je fus ingrat : il me dit, par ses larmes :
« Quoi ! tu me fuis ! sera-ce sans retour ?   (*Bis.*)

« Depuis long-temps je pleure ton absence :
« Que t'ai-je fait ? Tu m'as ravi mon cœur.
« Mon bien-aimé, reviens, et ma clémence
« Dans un moment oubliera ton erreur. »   (*Bis.*)

A cette voix trop aimable et trop tendre
Que répondis-je, insensible pécheur ?
Toujours, hélas ! différant à me rendre,
Toujours, mon Dieu, j'accroissais ta douleur. (*Bis.*)

En vain la croix me retraçait le gage
Et les doux fruits d'un amour tout-puissant :
D'un air distrait, indifférent, volage,
Je regardais ce signe attendrissant.   (*Bis.*)

Au bain sacré qui nous rend ta tendresse,
Que tes amis ont gémi sur mon sort !
Comme en pleurant ils me disaient sans cesse :
Tu vas périr en t'éloignant du port!   (*Bis.*)

Ecoute en nous autant d'amis fidèles :
Dans notre sein accours te recueillir ;
Viens dans nos bras, et tes peines cruelles,
Tes noirs remords, tu les verras finir.   (*Bis.*)

ADIEU DU PÉCHEUR AUX CRÉATURES.

AIR : Triste raison.

C'en est donc fait ; adieu, plaisirs volages,
Qui n'avez pu jamais me rendre heureux :
Vous n'aurez plus mon cœur et mes hommages,
Vous n'aurez plus le tribut de mes vœux.

Je l'ai trouvé, ce Dieu si plein de charmes,
Ce Dieu qui seul peut conduire au bonheur ;
Il tarira la source de mes larmes,
Il saura bien consoler ma douleur.

Que pouvais-tu me présenter d'aimable
Près de l'unique et divine beauté ?
Que pouvais-tu, monde si méprisable,
Que pouvais-tu pour ma félicité ?

De toi, mon père, ô père le plus tendre !
De toi, Jésus, le plus doux des amis,
De toi je veux maintenant tout attendre ;
Je sais, mon Dieu, ce que tu m'as promis.

Que tu me fis de flatteuses promesses,
Ami perfide, ô monde séducteur !
Dans ce moment, je prise tes largesses :
Qu'as-tu donné ? tu corrompis mon cœur.

O mon Sauveur, cher objet de ma flamme !
Tu t'es montré mon aimable vainqueur ;
Des plus doux feux tu pénètres mon âme,
Et viens à moi comme un libérateur.

.rois fois heureux celui qui sait te plaire !
Il goûte alors le plaisir le plus doux.
O quel bonheur d'aimer un si bon père !
C'est notre Dieu, notre ami, notre époux.

Vive Jésus, notre unique espérance !
Consacrons-lui nos plus chers sentimens ;
Dans son amour soyons pleins d'assurance ;
Brûlons pour lui des feux les plus ardens.

RETOUR D'UN JEUNE HOMME A LA VERTU.

AIR : Comment goûter quelque repos ?

Hélas ! j'ai vécu sans t'aimer :
Insensible à ta voix si tendre ;
Toujours je tardais à me rendre
Au Dieu qui seul dut me charmer.
Le voici cet enfant rebelle ,
A tes pieds pleurant son erreur :
Oublias-tu qu'à son Sauveur
Si long-temps il fut infidèle ?　　　　　(*Bis.*)

Ah ! laisse-moi seul m'en punir,
Je satisferai ta justice,
Mon cœur va m'offrir pour supplice
De soupirer et de gémir.
Dieu ! quelle est ta bonté touchante !
Quoi ! dès l'instant de mon retour
Déjà je ressens ton amour :
Qu'heureuse est l'âme pénitente !　　　　　(*Bis.*)

Désormais soumis à ta loi,
Je vais vivre pour te complaire ;
Je n'ai plus qu'à bénir un père
Dans mon juge et souverain roi.
Ah ! je célébrerai sans cesse
Les bienfaits du Dieu de Sion :
Pécheur, chéris un Dieu si bon,
Ne méconnais plus sa tendresse.   (*Bis.*)

Qu'il est doux de vivre en t'aimant !
Qu'il est doux de mourir de même !
Jésus, pour ta beauté suprême,
D'ardeur que j'expire à l'instant !
Mais tu prolonges mon martyre ;
Ah ! du moins, double mon amour ;
Et que jusqu'à mon dernier jour
Pour toi sans cesse je soupire !

BONHEUR DE SERVIR DIEU.

LES AVANTAGES DE LA FERVEUR.

Air connu.

Goûtez, ames ferventes,
Goûtez votre bonheur ;
Mais demeurez constantes
Dans votre sainte ardeur.

Heureux le cœur fidèle
Où règne la ferveur !
On possède avec elle
Tous les dons du Seigneur.

Elle est le vrai partage
Et le sceau des élus ;
Elle est l'appui, le gage
Et l'ame des vertus.

Heureux, etc.

Par elle la foi vive
S'allume dans les cœurs,
Et sa lumière active
Guide et règle nos mœurs.

Heureux, etc.

Par elle l'espérance
Ranime ses soupirs,
Et croit jouir d'avance
Des célestes plaisirs.

Heureux, etc.

Par elle dans les âmes
S'accroît de jour en jour
L'activité des flammes
Du pur et saint amour.

Heureux, etc.

C'est sa vertu puissante
Qui garantit nos sens

De l'amorce attrayante
Des plaisirs séduisans.

Heureux, etc.

C'est sous sa vigilance
Que l'esprit et le cœur
Gardent leur innocence,
Et souvent leur pudeur.

Heureux, etc.

C'est elle qui de l'ame
Dévoile la grandeur,
Et le zèle s'enflamme
Par sa vive chaleur.

Heureux, etc.

De l'ame pénitente
Elle adoucit les pleurs,
Et de l'ame souffrante
Elle éteint les douleurs.

Heureux, etc.

Celui qui fut docile
A vivre sous ses lois
Courut d'un pas agile
La route de la croix.

Heureux, etc.

Par elle du martyre
Les sanglantes rigueurs
Au cœur qui le désire
N'offrent que des douceurs.
Heureux, etc.

Elle est pour qui seconde
Ses généreux efforts
Une source féconde
De célestes trésors.

Heureux, etc.

Une larme sincère,
Un seul soupir du cœur,
Par elle a de quoi plaire
Aux regards du Seigneur.

Heureux, etc.

C'est elle qui prépare
Tous ces traits de beauté
Dont la main de Dieu pare
Les saints dans sa clarté.

Heureux, etc.

Sous ses heureux auspices
On goûte les bienfaits,
Les charmes, les délices
De la plus douce paix.

Heureux, etc.

Mais sans sa vive flamme
Tout déplaît, tout languit;
Et la beauté de l'ame
Se fane et dépérit.
Heureux le cœur fidèle
Où règne la ferveur!

On n'a part qu'avec elle
Aux saints dons du Seigneur.   (*Bis.*)

LES AVANTAGES DE L'INNOCENCE.

AIR : Nous n'avons qu'un temps à vivre.

Heureux qui, dès son enfance
Soumis aux lois du Seigneur,
N'a pas avec l'innocence
Perdu la paix de son cœur !

Chéri de celui qu'il adore,
Son bonheur le suit en tout lieu ;
Que peut-il désirer encore
Quand il se voit l'ami d'un Dieu ?

Heureux, etc.

En vain la fortune couronne
Du pécheur les moindres désirs ;
Le remords cruel empoisonne
Les plus vantés de ses plaisirs.

Heureux, etc.

Qui se laisse prendre à tes charmes,
Trop séduisante volupté,
Paiera bientôt de ses larmes
Le plaisir qu'il aura goûté.

Heureux, etc.

Le moment d'une folle ivresse
Fait place à celui des regrets ;

Ce bonheur qu'il poursuit sans cesse ,
Le mondain ne l'aura jamais.

    Heureux, etc.

Seigneur, de ma tranquille vie
Rien ne saurait troubler le cours ;
La paix ne peut être ravie
A qui veut vous aimer toujours.

    Heureux, etc.

Le monde étale sa richesse
Et ses biens ne m'ont point tenté ;
J'ai le trésor de la sagesse
Dans le sein de la pauvreté.

    Heureux, etc.

La croix où mon Jésus expire
Change mes peines en douceurs ;
Si quelquefois mon cœur soupire
C'est que je songe à ses douleurs.

    Heureux, etc.

L'espoir d'une gloire immortelle
Et d'un bonheur toujours nouveau
Sème de fleurs pour le fidèle
Les bords si tristes du tombeau.

    Heureux, etc.

Mon Dieu, j'y descendrai sans crainte,
Espérant des bras de la mort

Voler vers ta demeure sainte,
En chantant dans un doux transport :
Heureux qui, etc.

MÉPRIS DU MONDE.

—

RÉSOLUTION APRÈS LA SAINTE COMMUNION.

AIR : Charmantes fleurs, etc.

Le monde en vain par ses biens et ses charmes
Veut m'engager à plier sous sa loi ;
Mais pour me vaincre il faut bien d'autres armes :
Je ne crains rien, Jésus est avec moi.   (*Bis.*)

Venez, venez, fiers enfans de la terre ;
Déchaînez-vous pour me remplir d'effroi.
Quand de concert vous me feriez la guerre,
Je ne crains rien, Jésus est avec moi. (*Bis.*)

Cruel Satan, arme-toi de ta rage,
Que tes démons se liguent avec toi :
Tu ne pourras abattre mon courage ;
Je ne crains rien, Jésus est avec moi.   (*Bis.*)

Non, non, jamais la mort la plus cruelle
Ne me fera trahir ce divin roi ;
Jusqu'au trépas je lui serai fidèle :
Je ne crains rien, Jésus est avec moi.   (*Bis.*)

Que les enfers, les airs, la terre et l'onde
Conspirent tous à me remplir d'effroi;
Quand je verrais sur moi crouler le monde
Je ne crains rien, Jésus est avec moi.   (*Bis.*)

Divin Jésus, mon unique espérance,
Vous pouvez tout; oui, Seigneur, je le crois:
Augmentez donc pour vous ma confiance.
Je ne crains rien, Jésus est avec moi.   (*Bis.*)

SUR LE RESPECT HUMAIN.

Refrain.

Bravons les enfers,
Brisons tous nos fers,
Sortons de l'esclavage;
Unissons nos voix,
Rendons à la croix
Un sincère et public hommage.

Jurons haine au respect humain,
Brisons cette idole fragile,
Sur ses débris que notre main
Elève un trône à l'Evangile.

Bravons, etc.

Chrétiens, d'une vaine terreur
Serons-nous toujours la victime?

Qu'il soit banni de notre cœur
Le cruel tyran qui l'opprime.

    Bravons, etc.

Sous le joug d'un monde censeur
Nous gémissons dès notre enfance,
Recouvrons, vengeons notre honneur,
Proclamons notre indépendance.

    Bravons, etc.

Partout flottent les étendards
Qu'arbore à nos yeux la licence;
Faisons briller à ses regards
La bannière de l'innocence.

    Bravons, etc.

Tout chrétien doit être un soldat
Rempli d'ardeur, né pour la gloire;
Quand son chef le mène au combat,
Tremblant, il fuirait la victoire!

    Bravons, etc.

Tandis que sur le champ d'honneur
La valeur signale les braves,
On me verrait lâche et sans cœur,
Traînant les chaînes des esclaves?

    Bravons, etc.

Quoi! vous rougissez, vils mortels,
Honteux d'être vus dans un temple,

Adorant au pied des autels
Le grand Dieu que le ciel contemple !
  Bravons, etc.

D'hommes contre vous impuissans
Vous redoutez les vains murmures !
Que feriez-vous si des tyrans
Il fallait subir les tortures ?
  Bravons, etc.

Ne profanez point ce saint lieu,
Allez, chrétiens pusillanimes ;
Qui tremble trahira son Dieu :
La faiblesse est mère des crimes.
  Bravons, etc.

Lâches déserteurs de la foi,
Jésus-Christ commande à la foudre ;
Vous osez abjurer sa loi !
Vous n'êtes pas réduits en poudre !
  Bravons, etc.

Tremblez, audacieux mortels,
Dieu diffère votre sentence ;
Ses arrêts seront éternels,
La justice aura sa vengeance.
  Bravons, etc.

Voyez sillonner les éclairs,
Entendez gronder le tonnerre ;

Le roi des cieux est dans les airs,
Il descend pour juger la terre.

Bravons, etc.

MÊME SUJET.

Quelle nouvelle et sainte ardeur
En ce jour transporte mon ame !
Je sens que l'Esprit créateur
De son feu tout divin m'enflamme.

Refrain.

Vive Jésus ! je crois, je suis chrétien ;
Censeurs, je vous méprise :
Lancez, lancez vos traits, je ne crains rien,
Mon bras vainqueur les brise.

Il faut dans un noble combat
Pour vous, Seigneur, que je m'engage ;
Vous m'avez fait votre soldat,
Vous m'en donnerez le courage.

Vive Jésus ! etc.

Du salut le signe sacré
Arme mon front pour ma défense ;
Devant lui l'enfer conjuré
Perdra sa funeste puissance.

Vive Jésus ! etc.

Le mépris d'un monde insensé
Pourrait-il m'alarmer encore ?

Loin de m'en trouver offensé
Je sens aujourd'hui qu'il m'honore.
Vive Jésus ! etc.

Dans sa fureur l'impiété
Veut me ravir le Dieu que j'aime ;
Je veux, fort de la vérité,
Lui dire toujours anathème.
Vive Jésus ! etc.

On a vu de faibles agneaux
Triompher de l'aveugle rage
Et des tyrans et des bourreaux ;
Faible comme eux, Dieu m'encourage.
Vive Jésus ! etc.

Enfant des généreux martyrs,
Puissé-je égaler leur constance,
Et trouver mes plus doux plaisirs
Au sein même de la souffrance !
Vive Jésus ! etc.

A la mort fallût-il s'offrir,
Ou perdre, hélas ! mon innocence,
Grand Dieu ! je consens à mourir,
Ne souffrez pas que je balance.
Vive Jésus ! etc.

Seigneur, à vos aimables lois
Le grand nombre serait rebelle ;

Que mon cœur, constant dans son choix,
Y serait encor plus fidèle.

Vive Jésus! etc.

Etre à vous c'est là notre honneur,
Divin conquérant de nos âmes!
Vous servir est notre bonheur,
O céleste objet de nos flammes!

Vive Jésus! etc.

Chrétiens! ranimons notre ardeur;
Contemplons la palme immortelle!
Le ciel la promet au vainqueur,
Combattons et mourons pour elle!

Vive Jésus! etc.

CANTIQUES

AVANT ET APRÈS LA COMMUNION.

—

ASPIRATIONS ENVERS JÉSUS-CHRIST
AVANT LA COMMUNION.

AIR : Un inconnu pour vos charmes soupire.

Mon bien-aimé ne paraît pas encore;
Trop longue nuit, dureras-tu toujours?

Nuit que j'abhorre,
Hâte ton cours;
Rends-moi Jésus, ma joie et mes amours :
Pour être heureux je n'attends que l'aurore.

De ton flambeau déjà les étincelles,
Astre du jour, raniment mes désirs;
Tu renouvelles
Tous mes soupirs;
Servez mes vœux, avancez mes plaisirs;
Anges du ciel, portez-moi sur vos ailes.

Je t'aperçois, asile redoutable
Où l'Eternel descend de sa grandeur,
Temple adorable
Du Rédempteur!
Si dans tes murs il voile sa splendeur
Ce Dieu d'amour n'en est que plus aimable.

Sans nul éclat le vrai Dieu va paraître :
De cet autel il vient s'unir à moi.
Est-ce mon maître?
Est-ce mon roi?
Laissez, mes yeux, laissez agir ma foi.
Un œil chrétien ne peut le méconnaître.

Du roi des rois je suis le tabernacle,
Oui, de mon ame un Dieu devient l'époux,
Charmant spectacle!
Espoir trop doux!

Rendez, grand Dieu, mon cœur digne de vous !
Votre amour seul peut faire ce miracle,

Je m'attendris sans trouble et sans alarmes ;
Amour divin, je ressens vos langueurs :
     Heureuses larmes !
     Aimables pleurs !
Oh ! que mon cœur y trouve de douceurs !
Tous vos plaisirs, mondains, ont-ils ces charmes ?

Tristes penchans, malheureux fruit du crime !
C'est vous que j'immole à son choix,
     Ce Dieu m'anime,
     Suivons ses lois.
Parlez, Seigneur, j'écoute votre voix ;
Mon cœur est prêt ; nommez-lui la victime.

Ce pain des forts soutiendra mon courage.
Venez, démons, de mon bonheur jaloux,
     Que votre rage
     Vous arme tous ;
Je ne crains point vos plus terribles coups ;
De ma victoire un Dieu devient le gage.

Il me remplit d'une douce espérance
Qui me suivra plus loin que le trépas
     Si sa puissance
     Soutient mon bras :
C'est peu pour lui d'animer mes combats,
Il veut encore être ma récompense.

Pour un pécheur que sa tendresse est grande !
Qu'elle mérite uu généreux retour !
Dieu ! quelle offrande
Pour tant d'amour !
Prenez mon cœur, je vous l'offre en ce jour ;
Ce cœur suffit, c'est tout ce qu'il demande.

ACTE AVANT LA COMMUNION.

Air très-récent.

Troupe innocente
D'enfans chéris des cieux,
Dieu vous présente
Son festin précieux,
Il veut, ce doux Sauveur,
Entrer dans votre cœur ;
Dans cette heureuse attente
Soyez plein de ferveur,
Troupe innocente.

ACTE DE FOI ET D'ADORATION.

Mon divin maître,
Par quel amour, comment
Daignez-vous être
Dans votre sacrement ?
Vous y venez pour moi ;
Plein d'une vive foi,
J'y viens vous reconnaître

Pour mon Sauveur, mon roi,
Mon divin maître.

ACTE D'HUMILITÉ.

Dieu de puissance,
Je ne suis qu'un pécheur;
Votre présence
Me remplit de frayeur;
Mais pour voir effacés
Tous mes péchés passés
Un seul trait de clémence,
Un mot seul est assez,
Dieu de puissance.

ACTE DE CONTRITION.

Mon tendre père,
Acceptez les regrets
D'un cœur sincère,
Honteux de ses excès;
Vous m'en verrez gémir
Jusqu'au dernier soupir;
Avant de vous déplaire,
Puissé-je ici mourir,
Mon tendre père.

ACTE D'AMOUR.

Plus je vous aime,
Plus je veux vous aimer,
O bien suprême,
Qui seul peut me charmer!

Mais, ô Dieu plein d'attraits !
Quand avec vos bienfaits
Vous vous donnez vous-même,
Plus en vous je me plais,
Plus je vous aime.

ACTE DE DÉSIR.

Que je désire
De ne m'unir qu'à vous,
Que je soupire
Après un bien si doux :
Oh ! quand pourra mon cœur
Goûter tout le bonheur
D'être sous votre empire !
Hâtez-moi la faveur
Que je désire.

MÊME SUJET.

Je l'ai trouvé, le seul objet que j'aime ;
Je l'ai trouvé, je ne le quitte plus.
Je le possède au milieu de moi-même ;
Je l'ai trouvé, mon cœur dit : C'est Jésus.

Oui, c'est Jésus, le trésor de la terre,
Oui, c'est Jésus, la richesse des cieux ;
C'est notre Dieu, notre ami, notre père,
Dont la beauté ravit les bienheureux.

O doux Jésus ! ô source souveraine
Des biens parfaits, des célestes faveurs !

Ah ! liez-moi d'une puissante chaîne,
Eternisez l'union de nos cœurs.

Oui, je le sens, Jésus est dans mon ame,
Par sa présence il réjouit mon cœur ;
Il me console, il m'instruit, il m'enflamme,
Me fait goûter déjà le vrai bonheur.

Pour m'assurer cette joie ineffable
Je n'aimerai que Jésus mon Sauveur ;
Je ne verrai hors de lui rien d'aimable,
Il aura seul mon esprit et mon cœur.

APRÈS LA COMMUNION.

AIR : Te bien aimer, etc.

Qu'ils sont aimés, grand Dieu, tes tabernacles !
Qu'ils sont aimés et chéris de mon cœur !
Là tu te plais à rendre tes oracles ;
La foi triomphe, et l'amour est vainqueur.

Qu'il est heureux celui qui te contemple,
Et qui soupire au pied de tes autels !
Un seul moment qu'on passe dans ton temple
Vaut mieux qu'un siècle au palais des mortels.

Je nage au sein des plus pures délices ;
Le ciel entier, le ciel est dans mon cœur.
Dieu de bonté, de faibles sacrifices
Méritaient-ils cet excès de bonheur ?

En les comblant par un charme suprême
Un Dieu puissant irrite mes désirs :
Il me consume, et je sens que je l'aime ;
Et cependant je m'exhale en soupirs.

Autour de moi les anges en silence
D'un Dieu caché contemplent la splendeur.
Anéantis en sa sainte présence,
O chérubins ! enviez mon bonheur.

Et je pourrais, à ce monde qui passe,
Donner un cœur par Dieu même habité !
Non, non, mon Dieu, je puis tout par ta grâce ;
Dieu, sauve-moi de ma fragilité !

En souverain règne, commande, immole :
Règne surtout par le droit de l'amour.
Adieu, plaisirs; adieu, monde frivole;
A Jésus seul j'appartiens sans retour.

CANTIQUE D'ACTION DE GRACES

APRÈS LA COMMUNION.

AIR : L'encens des fleurs.

L'encens divin embaume cet asile :
Quel doux concert ! quel chant mélodieux !
Mon cœur se tait, et mon âme est tranquille :
La paix du ciel habite dans ces lieux.

O pain de vie !
O mon Sauveur !
L'ame ravie
Trouve en vous son bonheur.

D'un sommeil pur versé sur ma paupière
Le calme heureux s'empare de mes sens :
D'un jour plus beau j'entrevois la lumière ;
Non, je ne puis dire ce que je sens.

O pain de vie ! etc.

Pour embellir le temple de mon âme,
Le Très-Haut daigne y fixer son séjour.
Je le possède, il m'inspire, il m'enflamme :
Je l'ai trouvé; je l'aime sans retour.

O pain de vie ! etc.

Que votre joug, ô Jésus, est aimable !
Que vos attraits sont saints et ravissans !
Vous m'enivrez d'une joie ineffable ;
Vous m'attirez par vos charmes puissans.

O pain de vie ! etc.

Je vous adore au-dedans de moi-même ;
Je vous contemple à l'ombre de la foi ;
O Dieu ! mon tout ! ô majesté suprême !
Je ne vis plus, mais Jésus vit en moi.

O pain de vie ! etc.

O saints transports ! vive et douce allégresse !
Chastes ardeurs ! divins embrassemens !

O plaisirs purs ! délicieuse ivresse !
Mon cœur se perd dans vos ravissemens.

O pain de vie ! etc.

Que vous rendrai-je, ô Sauveur plein de charmes !
Pour tous les dons que j'ai reçus de vous ?
Prenez ce cœur, et recueillez mes larmes ;
Double tribut dont vous êtes jaloux.

O pain de vie ! etc.

Vous qui prenez vos plus chères délices
Parmi les lis des cœurs purs et fervens,
Mon bien-aimé, je mets sous vos auspices
Mes saints projets et mes vœux innocens.

O pain de vie ! etc.

Je l'ai juré, je vous serai fidèle ;
Je vous promets un immortel amour,
Tant qu'à la nuit une aurore nouvelle
Succédera pour ramener le jour.

O pain de vie ! etc.

Ah ! que ma langue, immobile et glacée,
En ce moment s'attache à mon palais
Si de mon cœur s'efface la pensée
De votre amour comme de vos bienfaits.

O pain de vie !
O mon Sauveur !
L'ame ravie
Trouve en vous son bonheur.

MÊME SUJET.

AIR : Que ne suis-je la fougère.

Que ne puis-je, ô Roi de gloire !
Par de sublimes accens
Eterniser la mémoire
De tes dons et de mes chants !
Et tirant de mon génie
Des accords dignes de toi,
Par ma divine harmonie
Montrer qu'un Dieu règne en moi !

Quel plus étonnant miracle !
Dieu puissant, soutiens ma foi ;
Mon cœur est le tabernacle
D'un Dieu prodigue de soi ;
Et l'auteur de la nature,
La félicité des cieux,
Trouve dans sa créature
Un séjour délicieux.

Jésus, en qui tout espère,
L'objet de tant de soupirs,
Votre fils, ô Vierge mère !
Couronne donc mes désirs.
Seconde, auguste Marie,
Mes transports reconnaissans,
Et de mon ame attendrie
Daigne offrir les sentimens.

Je sens trop mon impuissance ;
O mon Seigneur, ô mon Roi !
Quand de la reconnaissance
Je veux accomplir la loi.
Ah ! dans mon désir extrême
Qu'offrir à ta majesté ?
Grand Dieu, je t'offre à toi-même :
Mon amour s'est acquitté.

Dieu saint, frappe ta victime :
Mes désirs sont satisfaits ;
Je ne crains plus que le crime,
Dont me sauveront tes traits.
De mon printemps, de ma vie
Par la plus cruelle mort
Je verrais la fleur ravie
Que je bénirais mon sort.

Loin de moi, vaines idoles,
Monde lâche, séducteur,
De vos promesses frivoles
Portez le charme imposteur.
L'attrait d'un plaisir infâme
Peut-il séduire mon cœur ?
Jésus règne dans mon âme :
Connaissez votre vainqueur.

Temple auguste, cour céleste,
Ministres des saints autels,
Vous, Seigneur, je vous atteste ;
Voici mes vœux solennels :

J'abjure à jamais le monde,
Ses vanités, ses désirs,
J'abjure l'esprit immonde,
La volupté, ses plaisirs.

MÊME SUJET.

AIR : On dit qu'à quinze ans.

Chantons en ce jour
Jésus et sa tendresse extrême;
Chantons en ce jour
Et ses bienfaits et son amour.
Il a daigné lui-même
Descendre dans nos cœurs;
De ce bonheur suprême
Célébrons les douceurs.

Chantons, etc.

O Dieu de grandeur!
Plein de respect, je vous révère,
O Dieu de grandeur!
J'adore dans vous mon Seigneur.
Si ce profond mystère
Vient éprouver ma foi,
C'est l'amour qui m'éclaire
Et vous découvre en moi.

O Dieu, etc.

Mon divin époux,
Mon ame à vous seul s'abandonne :

Mon divin époux,
Mon ame n'a d'espoir qu'en vous.
Que l'enfer gronde et tonne,
Qu'il s'arme de fureur :
Il n'a rien qui m'étonne ;
Jésus est dans mon cœur.

Mon divin, etc.

Aimons le Seigneur,
Ne cherchons jamais qu'à lui plaire ;
Aimons le Seigneur.
Il fera seul notre bonheur.
Ami le plus sincère,
Généreux bienfaiteur,
Il est plus, il est père :
Donnons-lui notre cœur.

Aimons, etc.

Pour tous vos bienfaits
Que vous offrir, ô divin maître !
Pour tous vos bienfaits
Je me donne à vous pour jamais.
En moi je sentis naître
Les transports les plus doux,
Quand je pus vous connaître
Et m'attacher à vous.

Pour tous, etc.

O Dieu tout-puissant !
Par ta divine providence,

O Dieu tout-puissant,
Conserve mon cœur innocent !
Dès ma plus tendre enfance
Tu guidas tous mes pas ;
Soutiens mon innocence
Couronne mes combats.
O Dieu, etc.

POUR L'ÉLÉVATION.

Air connu.

Recueillons-nous, le prodige s'opère ;
Jésus paraît, Jésus descend des cieux.
En ce moment il arrive en ces lieux ;
Je me prosterne et le revère.
Je l'adore et le crois,
C'est mon Roi,
C'est mon père ;
Le mystère
Ne l'est plus pour moi.
Une céleste lumière   (Bis.)
Brille et m'éclaire ;
Oui je le vois.   (Bis.)

Disparaissez, vains objets de la terre,
Vous n'aurez plus d'empire sur mon cœur.

En Jésus seul y trouve son bonheur;
C'est à Jésus seul qu'il veut plaire.
Oui, Seigneur, dès ce jour
Sans retour,
Dieu suprême,
Je vous aime
Du plus tendre amour.
Des faux plaisirs vaine idole ,   (*Bis.*)
Oui, je t'immole,
C'est pour toujours.   } (*Bis.*)

Disparaissez, vains objets de la terre,
Vous n'aurez plus d'empire sur mon cœur.
Jésus ici seul fera mon bonheur,
Je veux le servir et lui plaire,
N'écouter que sa voix;
C'est pour moi
Qu'il s'abaisse;
Sa tendresse
Réveille ma foi.
Que sa bonté me bénisse ,   (*Bis.*)
Que j'accomplisse
Sa sainte loi.   } (*Bis.*)

MÊME SUJET.

O Roi des cieux!
Vous nous rendez tous heureux;
Vous comblez tous nos vœux
En résidant pour nous dans ces lieux.

Prodige d'amour
Dans ce séjour
Vous vous immolez pour nous chaque jour ;
A l'homme mortel
Vous offrez un aliment éternel.

O Roi des cieux, etc.

Seigneur, vos enfans
Reconnaissans
Vous offrent les plus tendres sentimens :
Leurs cœurs, sans retour,
Veulent brûler du feu de votre amour.

O Roi des cieux, etc.

Chantons tous en chœur
Gloire et honneur
A Jésus notre aimable Rédempteur !
Chantons à jamais
De son amour les éternels bienfaits.

O Roi des cieux, etc.

MÊME SUJET.

Dans ce profond mystère
Où la foi sait te voir,
O Dieu que je révère !
Tu fixes mon espoir.

Jésus, source de vie,
Qui dans l'Eucharistie

Viens te cacher pour mon amour,
Dans la cité chérie
Nous te verrons un jour !

Puisse notre tendresse
Obtenir de ton cœur
La sublime sagesse
Qui mène au vrai bonheur.

Jésus, etc.

Que tout en nous s'unisse
Pour chanter tes bienfaits :
Que ta bonté bénisse
Nos vœux et nos souhaits.

Jésus, etc.

Sur nous daigne répandre
Tes bénédictions,
Et fais-nous bien comprendre
La grandeur de tes dons.

Jésus, etc.

A L'ÉLÉVATION.

Que cette voûte retentisse
Des voix et des chants des mortels ;
Que tout ici s'anéantisse,
Jésus paraît sur nos autels.

Quoique caché dans ce mystère
Sous les apparences du pain

C'est notre Dieu, c'est notre Père,
C'est le Sauveur du genre humain.

O divin époux de nos ames !
Dans cet auguste sacrement
Embrasez-nous tous de vos flammes,
En vous faisant notre aliment.

MÊME SUJET.

Sur cet autel,
Ah ! que vois-je paraître !
Jésus, mon roi, mon divin maître,
Sur cet autel
Sainte victime
Vous expiez mon crime
Sur cet autel.

De tout mon cœur
Dans ce profond mystère
Je vous adore, et vous révère,
De tout mon cœur,
Bonté suprême,
Que toujours je vous aime
De tout mon cœur !

CANTIQUES DU DÉPART.

CANTIQUE DU SOIR.

AIR : Petits oiseaux, le printemps, etc.

Le soleil vient de finir sa carrière ;
Comme un instant ce jour s'est écoulé.
Jour après jour, ainsi la vie entière
S'écoule et passe avec rapidité.

A chaque instant l'éternité s'avance ;
Travaillons-nous à nous y préparer ?
De nos péchés faisons-nous pénitence ?
De la vertu suivons-nous le sentier ?

Si cette nuit le souverain arbitre
Nous appelait devant son tribunal
A sa clémence avons-nous quelque titre ?
Que lui répondre en cet instant fatal ?

Du moins touchés d'un repentir sincère,
Pleurons, chrétiens, les fautes de ce jour ;
Du Dieu vengeur désarmons la colère ;
Un cœur contrit regagne son amour.

ACTIONS DE GRACES

A LA FIN DES EXERCICES DE LA MISSION.

Bénissons à jamais
Le Seigneur dans ses bienfaits.
Bénissez-le, saints Anges,
Louez sa majesté ;
Rendez à sa bonté
Mille et mille louanges.

Bénissons, etc.

Oh ! que c'est un bon père !
Qu'il a grand soin de nous !
Il nous supporte tous
Malgré notre misère.

Bénissons, etc.

Comme un pasteur fidèle,
Sans craindre le travail,
Il ramène au bercail
Une brebis rebelle.

Bénissons, etc.

Il a brisé ma chaîne
Comme un puissant vainqueur,
Et comme un doux sauveur
Il m'a mis hors de peine.

Bénissons, etc.

Il a guéri mon ame
Comme un bon médecin ;
Comme un maître divin
Il m'éclaire et m'enflamme.

Bénissons, etc.

Il me comble à toute heure
De grâce et de faveur ;
Dans le fond de mon cœur
Il a pris sa demeure.

Bénissons, etc.

Que tout loue en ma place
Un Dieu si plein d'amour,
Qui me fait chaque jour
Une nouvelle grâce.

Bénissons, etc.

Sa bonté me supporte,
Sa lumière m'instruit,
Sa beauté me ravit,
Son amour me transporte.

Bénissons, etc.

Oui, sa douceur m'enchaîne,
Sa grâce me guérit,
Sa force m'affermit,
Sa charité m'entraîne.

Bénissons, etc.

Dieu seul est ma tendresse,
Dieu seul est mon soutien,
Dieu seul est tout mon bien,
Ma vie et ma richesse.

Bénissons à jamais
Le Seigneur dans ses bienfaits.

CANTIQUES

EN L'HONNEUR DE LA SAINTE VIERGE.

—

AIR : A l'amour livrez vos cœurs.

Triomphez, reine des cieux,
A vous bénir que tout s'empresse ;
Triomphez, reine des cieux,
Dans tous les temps, dans tous les lieux.
Que l'amour nous prête,
En ce jour de fête,
Que l'amour nous prête
Ses plus doux accords ;
Et que notre voix s'apprête
A seconder ses efforts.

Triomphez, etc.

Célébrons en ce saint jour
Les vertus de l'humble Marie ;

Célébrons en ce saint jour
Et ses bienfaits et son amour.
   Sans cesse enrichie,
   Jeunesse chérie,
   Sans cesse enrichie
   Des plus heureux dons;
C'est de la main de Marie,
Enfans, que nous les tenons.

Triomphez, etc.

Qu'à jamais de ses faveurs
Nos chants rappellent la mémoire;
Qu'à jamais de ses faveurs
Le souvenir charme nos cœurs.
   Le ciel et la terre,
   Ravis de lui plaire,
   Le ciel et la terre
   Chantent ses appas.
Vos enfans, ô tendre mère!
Ne vous béniront-ils pas?

Triomphez, etc.

Achevez notre bonheur;
Retracez en nous votre image;
Achevez notre bonheur,
Et gravez dans nous votre cœur.
   Guidez de l'enfance,
   Par votre puissance,
   Guidez de l'enfance
   Les pas chancelans,

Et que l'aimable innocence
Couronne nos derniers ans.
Triomphez, etc.

MOTIFS DE CONFIANCE ENVERS MARIE.

AIR : Pauvre Jacques.

UNE VOIX.

Vous qu'en ces lieux combla de ses bienfaits
    Une mère auguste et chérie,
Enfans de Dieu, que vos chants à jamais
    Exaltent le nom de Marie.   (*Bis.*)
Je vois monter tous les vœux des mortels
    Vers le trône de sa clémence;
Tout à sa gloire élève des autels
    Des mains de la reconnaissance.

TOUS.

Nous qu'en ces lieux combla de ses bienfaits
    Une mère auguste et chérie,
Enfans de Dieu, que nos chants à jamais
    Exaltent le nom de Marie.   (*Bis.*)

Ici sa voix puissante sur nos cœurs
    A la vertu nous encourage:
Sur le saint joug elle répand des fleurs;
    Notre innocence est son ouvrage.   (*Bis.*)
Si le lion rugit autour de nous
    Elle étend son bras tutélaire :

L'enfer frémit d'un impuissant courroux ,
Et le ciel sourit à la terre.

Nous qu'en ces lieux, etc.

Quand le chagrin de ses traits acérés
Blesse nos cœurs et les déchire,
Sensible mère, elle est à nos côtés;
Avec nos cœurs le sien soupire.   (*Bis.*)
Combien de fois sa prévoyante main
De l'ennemi rompit la trame !
Nous la priions, et nous sentions soudain
La paix descendre dans son âme.

Nous qu'en ces lieux, etc.

Battu des flots, vain jouet du trépas,
La foudre grondant sur sa tête,
Le nautonnier se jette dans ses bras,
L'invoque, et voit fuir la tempête.   (*Bis.*)
Tel le chrétien, sur ce monde orageux ,
Vogue toujours près du naufrage :
Mais à Marie adresse-t-il ses vœux
Il aborde en paix au rivage.

Nous qu'en ces lieux , etc.

Heureux celui qui dès ses premiers ans
Se fit un bonheur de lui plaire !
Heureux ceux qu'elle adopta pour enfans !
La reine des cieux est leur mère.   (*Bis.*)
Oui, sa bonté se plaît à secourir
Un cœur confiant qui la prie.

Siècle, parlez !... Vit-on jamais périr
  Un vrai serviteur de Marie ?

Nous qu'en ces lieux, etc.

.Vos fronts, pécheurs, pâlissent abattus
  A l'aspect du souverain juge :
Ah ! si Marie est reine des vertus
  Des pécheurs elle est le refuge.   (*Bis.*)
Déposez donc en son sein maternel
  Votre repentir et vos larmes.
Elle priera... des mains de l'Eternel
  Bientôt s'échapperout les armes.

Nous qu'en ces lieux, etc.

Si vous avez dans toute sa fraîcheur
  Conservé la tendre innocence,
Ah ! votre mère en a sauvé la fleur ;
  Elle vous garda dès l'enfance.   (*Bis.*)
A son autel venez, enfans chéris,
  Savourer de saintes délices.
Consacrez-lui vos cœurs et vos esprits ;
  Elle en mérite les prémices.

Nous qu'en ces lieux, etc.

Temple divin, ô asile béni !
  Faut-il donc quitter ton enceinte !
Faut-il aller de ce monde ennemi
  Braver la meurtrière atteinte.   (*Bis.*)
Tendre Marie, ah ! nous allons périr ;
  Le scandale inonde la terre !

Veillez sur nous, daignez-nous secourir ;
Montrez-vous toujours notre mère.

Nous qu'en ces lieux, etc.

TRIOMPHE DE L'ÉGLISE.

—

SUR LE TRIOMPHE DE L'ÉGLISE.

Air du chant du départ,

Pourquoi ces vains complots, ô princes de la terre ?
    Pourquoi tant d'armemens divers ?
Vous vous réunissez pour déclarer la guerre
    A l'arbitre de l'univers.
    Tremblez, ennemis de sa gloire !
    Tremblez, audacieux mortels !
    Il tient en sa main la victoire,
    Tombez au pied de ses autels.
    La religion vous rappelle,
    Sachez vaincre, sachez périr :
    Un chrétien doit vivre pour elle, } *(Bis.)*
    Pour elle un chrétien doit mourir. }

LE CHOEUR.

    La religion nous rappelle,
    Sachons vaincre, sachons périr :
    Un chrétien doit vivre pour elle, } *(Bis.)*
    Pour elle un chrétien doit mourir. }

Depuis quatre mille ans, plongé dans les ténèbres,
  Assis à l'ombre de la mort,
L'univers, gémissant sous ses voiles funèbres,
  Soupirait pour un meilleur sort.
  Jésus paraît : à sa lumière
  La nuit disparaît sans retour,
  Comme on voit une ombre légère
  S'enfuir devant l'astre du jour.

  La religion, etc.

Pour soumettre à ses lois tous les peuples du monde
  Il ne veut que douze pêcheurs,
Et pour éterniser le royaume qu'il fonde
  Il en fait ses ambassadeurs.
  Nouveaux guerriers, prenez la foudre,
  Allez conquérir l'univers,
  Frappez, brisez, mettez en poudre
  L'idole d'un monde pervers.

  La religion, etc.

Déjà de ces hérauts, du couchant à l'aurore,
  La voix plus prompte que l'éclair
A foudroyé ces dieux que l'univers honore
  D'un culte enfanté par l'enfer.
  Ouvrant les yeux à la lumière,
  Rome détrompe les mortels,
  Et foule aux pieds dans la poussière
  Ses dieux, ses temples, ses autels.

  La religion, etc.

En vain, ô fiers tyrans! votre main meurtrière
    Fait couler leur sang à grands flots;
Ce sang devient fécond; de leur noble poussière
    S'élève un essaim de héros :
      En courbant eux-mêmes leurs têtes,
      Seigneur, sous le joug de tes lois,
      Après trois siècles de tempêtes
      Les princes arborent la croix.

    La religion, etc.

O reine des cités! toi dont la destinée
    Est de régner sur l'univers,
De ce joug si nouveau si tu fus étonnée
    Tu t'enorgueillis de tes fers.
      La religion triomphante
      Sur le trône des Césars
      Veut que les peuples qu'elle enfante
      Cembattent sous ses étendards.

    La religion, etc.

Que vois-je? ô Dieu! partout le schisme et l'hérésie
    Déchirant son sein maternel;
Laisseras-tu périr sous les coups de l'impie
    L'objet de ton soin paternel?
      Non, toujours battu par l'orage,
      Ce vaisseau vogue en sûreté;
      Jamais il ne fera naufrage,
      Tu l'as dit, Dieu de vérité.

    La religion, etc.

Sainte religion, l'amour et les délices
De nos pères, de nos aïeux ;
Puissent toujours marcher sous tes divins auspices
Et leurs enfans, et leurs neveux !
Si jamais, de leurs cœurs bannie,
Tu t'exilais loin des Français
Que ma trop ingrate patrie
Se souvienne de tes bienfaits.

La religion, etc.

Ce grand arbre, ébranlé jusque dans sa racine,
Voyait mille ennemis rivaux
Hâter par leurs efforts l'instant de sa ruine
Pour se disputer ses rameaux.
Dieu parle ;.... la foi renaissante,
En foudroyant l'impiété,
Rend à l'église triomphante
La paix et la prospérité.

La religion, etc.

Eglise de Jésus, doux charme de ma vie,
Et mon espoir dès mon berceau ;
Sainte religion, si jamais je t'oublie,
Si tu ne me suis au tombeau
Qu'à jamais ma langue glacée
Ne prête de sons à ma voix,
Et que ma droite desséchée
Me punisse et venge tes droits.

La religion, etc.

FIN.

TABLE ALPHABÉTIQUE

DES CANTIQUES

CONTENUS DANS CE RECUEIL.

FIN DE LA TABLE.